TOMBEAU DE VIRGILE.

Tiré à cent soixante-quinze exemplaires.

DIJON, IMPRIMERIE DE FRANTIN. 1840.

QUELQUES RECHERCHES

SUR

LE TOMBEAU DE VIRGILE

AU MONT PAUSILIPE;

PAR G. PEIGNOT.

DIJON,
CHEZ VICTOR LAGIER, LIB.-ÉDITEUR, PLACE ST.-ÉTIENNE.

1840.

Cet opuscule est suivi de la Liste de quelques ouvrages publiés par l'auteur, depuis 1830, pour faire suite à la Notice de ses ouvrages précédents, imprimée par M. Crapelet dans la même année 1830.

QUELQUES RECHERCHES

SUR

LE TOMBEAU DE VIRGILE.

—

Mémoire lu à l'Académie des Sciences, Arts et Belles-Lettres de Dijon,
dans la Séance publique du 17 août 1840.

Messieurs,

Un rameau du laurier qui ombrage le tombeau de Virgile près de Naples, m'étant dernièrement parvenu, j'ai cru devoir faire quelques recherches sur l'histoire de ce tombeau dont on parle beaucoup, mais qu'en réalité l'on connaît peu, parce qu'aucun écrivain, du moins que je sache, ne s'en est occupé spécialement. Comme ce sujet rappelle le souvenir de l'un des plus beaux génies de l'antiquité, il m'a semblé que le résultat de ces recherches ne serait peut-être pas indigne de fixer un instant votre attention; je me hasarde donc, Messieurs, à vous faire part de ce faible travail, et à prier l'Académie d'en agréer l'hommage.

Dans cet opuscule, j'exposerai en premier lieu les opinions des savants sur l'origine du tombeau de Virgile; je parlerai ensuite de certains pèlerinages dont il a été l'objet, et du laurier merveilleux qui le couvre; enfin je terminerai par le récit de quelques honneurs particuliers rendus à la mémoire du divin poète.

Voyons d'abord si le vieux monument dont il existe encore une partie en ruine sur le revers du mont Pausilipe, à l'entrée du chemin souterrain qui conduit de

Naples à Pouzzol, [1] est réellement le tombeau de Virgile. Quoique la tradition lui ait constamment donné ce nom, la chose n'en est pas moins douteuse et la question assez difficile à résoudre, car si rien ne prouve que ce soit véritablement le tombeau du poète, il faut convenir aussi que rien ne prouve le contraire. On pourrait peut-être pencher pour l'affirmative, d'après les détails rapportés dans une *Vie de Virgile* qui date du IVe siècle [2], et où il est dit que ce grand homme, revenant d'Athènes, mourut à Brindes, sous le consulat de C. Sentius et de Q. Lucretius, le 10 des calendes d'octobre, c'est-à-dire le 22 septemb. de l'an 19 av. J. C. [3]. L'auteur nous

---

[1] Une note sur le mont Pausilipe est renvoyée à la fin du Mémoire.

[2] Cette vie est attribuée à Ælius Donatus, célèbre grammairien qui vivait en 354, et qui a été le précepteur de St. Jérôme. On pense que cette biographie peut bien avoir été composée dans le principe par cet Ælius Donat, mais qu'ensuite elle a été altérée par un autre Donat, nommé Tiberius Claudius Donatus, qui a vécu postérieurement à Ælius, et plus altérée encore par les copistes et par les légendaires qui y ont ajouté des prodiges attribués à Virgile dont ils ont fait un magicien, un homme à sortilège.

Cependant il faut convenir que les détails de la vie de ce poète ne sont connus que par cet ouvrage, et qu'ils paraissent très-avérés dans tout ce qui ne tient point aux fables et aux superstitions dont on a surchargé ce livre dans le moyen âge.

[3] Virgile avait alors 51 ans 11 mois et 8 jours, étant né dans les environs de Mantoue, sous le consulat de Licinius Crassus et de Cn. Pompeius Magnus, le jour des ides d'octobre, l'an 684 de R., c'est-à-dire le 15 octobre de l'an 70 av. J.-C. Si l'on est d'accord sur cette date, on ne l'est pas également sur le lieu précis de sa naissance. Les Anciens ont tous nommé *Andes*

apprend ensuite que peu de jours avant sa mort, Virgile avait exigé par l'une des clauses de son testament [1] que son corps fût transporté de Brindes à Naples ; ce qui fut exécuté non seulement en vertu de cette clause, mais par un ordre exprès d'Auguste ; enfin le biographe ajoute que les cendres du poète furent déposées sur le chemin de Pouzzol, près de la seconde pierre milliaire, *sepulta fuére ossa in viâ puteolaná intrà lapidem secundum*. Or cet emplacement désigné par *intra lapidem secundum*, annonce une distance qui s'accorde assez bien avec celle qui sépare Naples du vieux monument dont les restes subsistent encore. Voilà une première induction en faveur de l'opinion qui place là le mausolée de Virgile. Mais bien plus, ce monument dont l'intérieur annonce un véritable tombeau, est, ainsi qu'on le voit par

comme devant être ce lieu ; mais où était cet *Andes ?* Maffei l'a cherché aux environs de Cavriana et de Volta dans le Véronnais; l'historien Visi de Mantoue le suppose à sept lieues de cette ville, près de Rivalta. Les savants étaient partagés entre ces deux opinions, quand M. Casali, dans son Mémoire *Del luogo natale di Virgilio;* Mantoue, 1800, *in-4° de* 40 *p.*, a cherché à prouver par des autorités et des arguments difficiles à réfuter, que Maffei et Visi se sont trompés, et que l'endroit autrefois appelé *Andes* est le même village qui porte aujourd'hui le nom de *Pe iola*. Il faut cependant convenir que cette opinion n'est pas nouvelle ; elle avait été soutenue par plusieurs savants italiens ; mais l'autorité de Maffei et de Visi l'avait fait révoquer en doute ; M. Casali l'a rétablie et appuyée de raisonnements qui paraissent sans réplique.

[1] On peut consulter les détails que nous avons donnés sur le testament de Virgile, dans notre Choix *des Testaments anciens et modernes, remarquables par leur importance, leur singularité,* etc.; Paris, Renouard, 1829, 2 *vol. in-*8°. (Voy. tom. II, *pp.* 346-49.)

ses débris, revêtu en *mattoni*, ou briques en losanges, sorte de construction romaine qui, au dire de tous les antiquaires, était en usage du temps d'Auguste. Ajoutons que Silius Italicus, poète du premier siècle de l'ère vulgaire, avait fait acquisition du lieu où reposaient les cendres de Virgile sur le chemin de Pouzzol, qu'il fit des réparations à ce mausolée et qu'il s'y rendait comme à un temple. Rien ne répugnerait donc à penser que le vieux monument qui nous occupe, remontant à des temps peu éloignés de la mort du poëte, pourrait bien être réellement son tombeau. Cependant quelques savants modernes, et entre autres Cluvier, dans son *Italia antiqua*, lib. IV, c. 3, p. 1153, prétendent que les restes de Virgile n'ont point été déposés au mont Pausilipe, et qu'il faut chercher leur emplacement à l'orient de Naples dans le voisinage du Vésuve ; ils s'étaient de ce passage de Stace :

.....Maronei sedens in margine templi,
Sumo animum ac magni tumulis accanto magistri...
..... Fractas ubi Vesbius egerit undas.

Le pied du Vésuve aurait donc été dépositaire des cendres de notre poète. Cette opinion a été partagée par Addison et par plusieurs autres écrivains. Il est encore un autre objet qui pourrait faire douter que le monument actuel fût le tombeau de Virgile ; c'est l'aspect de son intérieur. L'abbé Romanelli, antiquaire napolitain, mort en 1819, nous en a donné la description : Le tombeau, dit-il, est maintenant détérioré, mais l'intérieur est conservé ; il consiste en une chambre carrée, surmontée d'une voûte en maçonnerie grecque ; chaque côté de cette chambre est d'environ 18 palmes[1] de

---

[1] Le palme de Naples est de 9 pouces 7 lignes.

large, et elle porte près de 15 palmes dans sa plus grande hauteur. Sur les côtés, on remarque onze niches propres à recevoir des urnes sépulcrales. Autrefois on en voyait une en marbre, qui, placée au milieu sur une base soutenue par neuf petites colonnes également en marbre, renfermait, dit-on, les cendres du poète. D'après cette description de l'abbé Romanelli, ces onze niches annonceraient un lieu de sépulture, non pas pour un seul homme, mais pour une famille entière ; c'est ce que les Romains appelaient *columbarium* ; or Virgile était des environs de Mantoue, et son tombeau élevé près de Naples n'avait besoin que d'une niche ou d'un autel pour recevoir son urne ; donc le monument avec ses onze niches ne peut être le tombeau du poète. Ce raisonnement n'est pas rigoureusement conséquent, car Virgile a pu avoir des amis, des affranchis, des esclaves dévoués qui, en faisant construire son tombeau, auraient pris des précautions pour qu'un jour leurs cendres y fussent déposées autour de celles du grand homme qu'ils avaient tendrement chéri.

Quoi qu'il en soit, on peut dire que monument du Pausilipe a été, depuis les temps les plus anciens, et est encore aujourd'hui en possession de l'honneur d'avoir renfermé les cendres de Virgile ; aucun autre lieu spécialement désigné dans les environs de Naples ne le lui a disputé. Pétrarque, qui est mort en 1374, dit qu'à la fin du sentier obscur, c'est-à-dire du chemin souterrain qui conduit de Pouzzol à Naples, dès que l'on commence à voir clair, on aperçoit sur une éminence le tombeau de Virgile, qui est d'un travail fort ancien. On ne faisait donc aucun doute dans le xive siècle et longtemps auparavant, que les cendres de Virgile ne reposassent dans cet endroit.

Il est fâcheux que l'urne qui contenait les cendres du poète ait disparu, ainsi que sa base. On y voyait écrit à l'entour le fameux distique :

> Mantua me genuit, Calabri rapuére, tenet nunc
> Parthenope : cecini pascua, rura, duces.

Selon l'auteur du ive siècle, déjà cité, c'est Virgile lui-même qui, sur le point de mourir, a composé cette épitaphe : *extremâ valetudine hoc sibi epitaphium fecit,* et peu après le biographe ajoute que ce distique fut inscrit sur le tombeau du poète : *suoque sepulcro id distichon quod fecerat, inscriptum est* [1]. Si cette inscription subsistait encore, on pourrait en comparer les caractères avec ceux qui sont employés dans d'autres inscriptions du temps d'Auguste ; mais elle a disparu. Le dernier savant italien qui prétend l'avoir vue, est Pietro de Stephano, qui l'affirme dans sa *Descrizione de' luoghi più sacri della cità di Napoli*; 1560, in-4°. Il en est de même d'Alphonse de Heredia, évêque d'Ariano, mentionné par le Cappacio, dans son *Historia puteolana* ; il

---

[1] M. Lemaire, éditeur de la grande *Bibliotheca classica latina*, Parisiis, 1819-1833, 142 *vol. in-8°*, n'est point d'avis que ce distique soit de Virgile, ou du moins il le critique très-sévèrement : *Distichon hoc,* dit-il, *passim laudatur; est tamen tam jejunum, tam ineptum ut nemini facilè fraudem faciat.* (Voy. l'édition du Virgile de sa collection ; *Parisiis*, 1822, 7 *vol. in-8°*; tom. vii, p. 281, en note.) Nous dirons cependant que cette épitaphe a toujours été attribuée à Virgile ; et même que, rédigée avec simplicité, sans ostentation, sans orgueil, elle nous semble conforme au caractère et à la modestie du poète. Ce qu'il y a de singulier, c'est que ses travaux poétiques ont commencé par une épitaphe, et qu'il les a finis par la sienne propre.

assure également l'avoir encore vue. Dès-lors l'intérieur du monument a été dépouillé de l'urne, de la base qui la soutenait et des neuf petites colonnes. Cette disparition date donc du XVIe siècle.

Quelques-uns pensent que les Napolitains, craignant que les ossements du poète ne leur fussent dérobés, les ont fait mettre sous terre dans le Château neuf; Jean Villani, chroniqueur napolitain, n'est point de cet avis; il croit que l'urne a été portée à Mantoue; Alphonse de Heredia, que nous avons déjà cité, dit que c'est à Gênes; d'autres prétendent que les Lombards l'ont enlevée. Mais ces diverses assertions sont dénuées de preuves. Il résulte de cette disparition que le tombeau n'offre plus le même intérêt qu'autrefois, ni la même magnificence; l'intérieur a été totalement négligé, et l'extérieur tombe en ruine. Montfaucon, qui écrivait au commencement du XVIII siècle, dit : « On trouve encore aujourd'hui du côté de la montagne, vis-à-vis l'entrée du mausolée, un marbre à demi déterré sur lequel sont gravés ces deux vers :

Qui cineres? tumuli hæc vestigia? conditur olim
Ille hoc qui cecinit pascua, rura, duces. »

Un écrivain plus moderne assure que cette inscription portant la date de 1504, a succédé à l'ancienne *Mantua me genuit*, etc., qui a été enlevée, dit-on, par un anglais; et cet enlèvement suggère à l'auteur cette judicieuse réflexion : « Je ne sais pas de quel prix peut être
» une telle antiquité lorsqu'elle est déplacée, et si le
» plaisir de la possession peut se faire pardonner la cri-
» minelle dégradation d'un monument sur lequel elle
» donnait sinon des certitudes, au moins de précieuses
» probabilités. »

Mais il est temps d'arriver à l'histoire des lauriers qui ont constamment ombragé le tombeau de Virgile, et que, par cette raison, l'on a regardés comme merveilleux ; aussi les poètes napolitains les ont-ils célébrés à l'envi, mais leurs chants nous instruiraient peu sous le rapport historique ; recourons plutôt aux écrivains et aux voyageurs, qui dans leurs relations n'ont pas négligé cet embellissement naturel du monument qui nous occupe. Quoique leurs récits ne soient pas unanimes sur l'histoire de ces lauriers, il est bon de les connaître.

Montfaucon dit, dans ses *Antiquités,* tom. v, p. 131, que l'on regarde comme une merveille ces lauriers nés sur la coupole du mausolée de Virgile, et qui semblent couronner l'édifice. Quoiqu'on en ait coupé à la racine deux qui étaient les plus grands, ajoute-t-il, ils renaissent et poussent des branches de tous côtés. L'édifice est couvert de toutes parts de myrtes et de lierre, il semble que la nature ait voulu elle-même célébrer la mémoire du grand poète. L'auteur ne dit rien de l'origine de ces lauriers, ils seraient donc aussi anciens que le tombeau.

Misson, dans son *Nouveau voyage d'Italie,* tom. II, p. 87, s'exprime ainsi : Quoique le mausolée soit bâti de gros quartiers de pierre, il ne laisse pas d'être presque tout couvert de broussailles et d'arbrisseaux qui y ont pris racine. On remarque entre autres un laurier qui est sur la cime, et, d'après l'opinion commune, on a beau le couper et l'arracher, il revient toujours. Mais on n'a encore rien décidé sur la vertu occulte qui cause cet effet surprenant, Virgile passant chez le peuple de Naples tantôt pour un magicien, tantôt pour un saint. Comme sorcier, disent les bonnes gens du pays, c'est lui qui, par art magique, a percé le mont Pausilipe ; et il a fait bien d'autres prodiges. Comme saint, dit le jardinier, propriétaire du lieu où est le mausolée, il allait tous les jours entendre la messe à une petite chapelle dont on voit encore les débris dans le voisinage : L'anachronisme est un peu fort de la part de ce brave jardinier. Mais passons cette petite facétie au protestant Misson.

Selon le président de Brosses, savant dijonnais, qui a visité l'Italie en 1739, « le tombeau de Virgile est tout solitaire dans un coin, au milieu d'une broussaille de lauriers dont le Pausilipe est farci, ce qui diminue un peu le prodige dont la nature avait honoré le prince des poètes en faisant croître un laurier sur son tombeau. J'y trouvai, continue plaisamment l'auteur, une vieille sorcière qui ramassait du bois dans son tablier, et qui paraissait avoir 80 siècles ; il n'y a pas de doute que ce ne soit l'ombre de la sibylle de Cumes qui revient autour du tombeau ; cependant je ne jugeai pas à propos de lui montrer *ramum qui veste latebat*. » Il paraît que le président a rapporté la petite relique dont tous les voyageurs sont jaloux de se munir en quittant le tombeau.

Grosley de Troyes, dans ses *Observations sur l'Italie*, a donné plus de détails sur les lauriers en question ; il nous apprend que « la surface extérieure de la coupole qui termine le mausolée de Virgile, offre un prodige célèbre dans le pays ; c'est un laurier dont elle est exactement couronnée. Cet arbuste n'a de nourriture que celle que ses racines cherchent dans les jointures des pierres. Tous les voyageurs en détachent, ou plutôt en arrachent des branches au moyen d'une corde à l'extrémité de laquelle on attache une pierre. Le flanc de la montagne où ce tombeau est situé, loin d'avoir des arbustes de cette espèce, n'est couvert que d'ifs et de sapins. Cependant le laurier de Virgile, toujours vigoureux, toujours renaissant, se perpétue et répare ses pertes journalières. Il n'avait dans le xvie siècle qu'une tige unique qui occupait le milieu de la coupole, où elle avait sans doute été plantée par quelque napolitain admirateur de Virgile. Vers le commencement du xviie siècle, un sapin de la partie collatérale de la montagne, renversé par le vent, donna de sa cime sur cette tige qu'il étouffa. La nature semble avoir voulu réparer cet accident en marcottant elle-même les racines comprimées qui se sont étendues sur toute la surface de la coupole. »

L'un des collaborateurs *du Voyage pittoresque de Naples et Sicile,* tom. 1, p. 83, ne s'étend pas beaucoup sur l'arbrisseau, objet de nos recherches. « Nous montâmes, dit-il, sur la voûte du tombeau, nous y cherchâmes le laurier fameux et ne le trouvions pas; je commençai à croire qu'il en était de ce laurier comme de beaucoup de célébrités qui croissent, se perpétuent et se racontent sur parole; cependant à force de fouiller la terre, en écartant les ronces et les feuilles d'acanthe, nous trouvâmes le tronc du véritable laurier qui n'était pas encore mort, car il en sortait un tendre rejeton que je ménageai, tout en coupant un morceau du vieux bois. Si j'étais poëte, je dirais pourquoi j'ai eu du plaisir à recueillir cette relique, mais je sentis que je la prenais avec une sorte de dévotion. »

Lalande, dans son *Voyage en Italie,* tom. vii, p. 302, s'étend encore moins que l'auteur précédent sur le fameux arbuste. Il dit qu'au-dessus du tombeau qui n'est plus qu'une masure située à l'entrée de la grotte du

Pausilipe, dans la vigne du marquis de Salcitro, il existait parmi beaucoup de ronces un ancien laurier dont tous les voyageurs ont parlé ; les uns disent qu'il avait crû de lui-même, d'autres qu'on l'avait planté et même replanté dans ce siècle (le xviiie), il était mort en 1776.

Enfin un amateur dijonnais qui cultive les arts avec succès [1], et qui, dans une excursion faite à Naples en 1833, a visité le Pausilipe et examiné le monument avec la plus scrupuleuse attention, nous a causé quelque surprise en nous annonçant que depuis longtemps il n'existait plus de laurier ni sur le tombeau, ni dans ses environs, et que ce que l'on donnait pour tel, était du chêne vert d'Italie dont la feuille ressemble beaucoup à celle du laurier. Ce chêne est le seul arbre qui se trouve maintenant sur le tombeau. Nombre d'années se sont écoulées depuis que le véritable laurier a disparu sous la main des nombreux visiteurs, qui n'ont pas mis la cognée au pied de l'arbre, mais qui ont fini par le détruire entièrement, à force d'en emporter des feuilles et des rameaux. Ce sont surtout messieurs les Anglais qui se sont signalés dans cet honorable pillage. Il y a environ douze ans que M. Casimir Delavigne, notre célèbre poète, si fidèle à la pureté de goût de Virgile, a fait, m'a-t-on dit, rétablir un véritable laurier sur le tombeau; mais deux ans après, il n'en restait pas brin,

---

[1] Cet amateur est M. Liégeard fils, à l'obligeante générosité duquel nous devons le rameau dont nous avons parlé en tête de ce Mémoire ; nous le prions de recevoir ici l'expression de notre reconnaissance, tant pour ce curieux présent, que pour les détails plus curieux encore qu'il a bien voulu nous donner sur l'état actuel du tombeau, de la montagne, de la grotte, etc.

tant le fanatisme virgilien est encore dans toute sa ferveur. On a annoncé récemment que **M. Eichhoff**, savant distingué, voulant consacrer par un monument durable le tombeau en question, y a fait élever une colonne de marbre blanc ombragée d'un laurier, et portant l'épitaphe ordinaire *Mantua me genuit,* etc.; c'est très-bien; passe pour la colonne, elle sera sans doute respectée, car elle ne peut pas, comme une feuille d'arbuste, se glisser dans la poche ou dans le porte-feuille; mais pour le laurier, il court de grands risques, à moins que M Eichhoff n'ait trouvé le moyen de mettre ses feuilles et ses rameaux à l'abri de la rapacité des pélerins toujours si zélés et si avides de remporter la petite relique, constatant la visite qu'ils ont rendue aux mânes du grand homme.

A propos de ces pélerins, nous dirons que, parmi eux, plusieurs personnages connus ont parlé eux-mêmes du résultat de leur pélerinage; et nous citerons à cet égard quelques faits qui prouveront le prix que l'on a attaché en différents temps à ces légères curiosités.

En 1755, M. Bordes, littérateur lyonnais très-connu, voyageant en Italie, se rendit au mont Pausilipe, visita le monument de Virgile, détacha une feuille du laurier, et, à son retour en France, la plaça en tête d'un exemplaire du Virgile, *Elzevir,* 1676, *pet. in-*12, qu'il possédait dans sa bibliothèque; il y ajouta cette inscription :

« Feuille du laurier qui couvre le tombeau de
» Virgile, dans le royaume de Naples, près de Naples,
» cueillie en 1755, par M. Bordes, de l'Académie des
» sciences, belles-lettres et arts de Lyon. »

Ce petit volume, lors de la vente des livres de

M. Firmin Didot, en 1810, a été adjugé pour la somme de 366 fr. [1].

M. Grosley de Troyes, dont nous avons déjà parlé, exécuta, en 1758, son pèlerinage au mont Pausilipe, et cueillit sur le tombeau deux branches du laurier; revenu dans sa patrie en 1759, il offrit l'une de ces branches à l'Académie des sciences, à Paris; et il disposa de l'autre, à Troyes, en faveur d'un jeune rhétoricien, qui, à la distribution des prix du collège, avait remporté celui de poésie. Quelques jours après, le jeune lauréat adressa un remercîment en vers latins à Grosley, qui en fut tellement satisfait qu'il embrassa l'auteur et lui remit un exemplaire du beau VIRGILE *de la Rue*, en

---

[1] Cette édition des Elzévirs, de 1676, quoique moins belle que celle de 1636, est très-recherchée parce qu'elle est beaucoup plus correcte. Voici quelques prix auxquels certains exemplaires de cette édition ont été portés dans des ventes publiques.

Chez M. Crévenna, en 1789, *exempl. rel. en mar. bl.*, n° 3823 de son catalogue; adjugé au prix de . . 375 fr.

Chez M. de Cotte, en 1804, *exempl. rel. m. r.*, n° 969 de son catalogue; vendu. . . . . 320 fr.

Chez M. Larcher, en 1814, *exempl. rel. m. violet*, n° 999 de son catalogue, vendu. . . . . 280 fr.

Chez M. de Mac-Carthy, en 1817, *exempl. rel. v. doré*, n° 2553 de son cat., adjugé au prix de . . . . . 365 fr.

Chez M. Bérard, en 1829, *exempl. rel. m. bl.*, n° 542 du catalogue, vendu. . . . . 221 fr.

Nous pourrions citer beaucoup d'autres prix, mais inférieurs, tels que 163 fr., 130 fr., 128 fr., etc. (Extrait de notre BIBLIOGRAPHIE SPÉCIALE *des Elzévirs de choix, les plus précieux, et les seuls dignes de figurer dans le cabinet d'un véritable amateur;* ouvrage encore inédit, présentant la description, condition et valeur des plus beaux exemplaires adjugés dans les ventes les plus remarquables depuis 1738.)

lui disant : « Vous avez la sauce; tenez, voilà le poisson. »
Ce jeune élève, plein de mérite, était M. Bouillerot,
qui se fit ecclésiastique. Le clergé du diocèse de Troyes
et la Société académique de l'Aube l'ont toujours
compté au nombre de leurs membres les plus distingués.

Mme la Margrave de Bareuth, sœur de Frédéric-le-Grand, roi de Prusse, n'a pas dédaigné d'aller aussi rendre visite au monument du mont Pausilipe et d'en rapporter le rameau sacré. De retour dans ses Etats, elle l'envoya au roi son frère, avec ce billet :

« J'arrive d'Italie, je désirais vous rapporter quelque
» chose de ce beau pays; je n'y ai rien trouvé de
» plus digne de vous être offert qu'une branche du lau-
» rier qui ombrage le tombeau de Virgile. »

C'était un compliment flatteur pour un prince qui se délassait des travaux de Bellone avec sa lyre, lyre dont Voltaire, soit dit entre nous, remontait quelquefois les cordes, pour en rendre les accords plus parfaits.

On trouve dans le *Magasin encyclopédique*, 1795, tome I, p. 271, une épître en 46 vers, adressée à l'abbé Delille, par un anonyme qui, comme tant d'autres, était allé faire près de Naples, sa petite récolte au mont sacré. Cette épître a pour titre : « à *Virgile-Delille*,
» en lui envoyant un morceau de laurier coupé sur le
» tombeau de Virgile. » Nous allons rapporter quelques vers de cette pièce, parce que l'auteur y peint l'état actuel du monument : il parle d'abord du lieu, ainsi que de Virgile, et dit :

» Je croyais retrouver de sa gloire embellis
» Ces bois qu'il enchantait du nom d'Amaryllis,

» Tandis que sous l'ormeau, de jeunes tourterelles
» Y roucoulaient d'amour leurs plaintes mutuelles ;
» Le charme a disparu ; rien ne s'offre en ce lieu
» Qu'un triste souvenir et du temple et du dieu.
» De ronces, de cailloux cette terre semée
» Est par un pâtre obscur sans respect affermée.
» Pour y gravir l'œil cherche un pénible sentier ;
» Plus d'ombrage à l'entour, plus d'oiseaux ; ce laurier
» Qui, fier de ses mille ans, s'élevait si superbe,
» Coupé dans sa racine, est ignoré dans l'herbe ;
» Un mercenaire avide et prompt à l'outrager
» Trafique de sa gloire et l'offre à l'étranger..... »

Puis s'adressant à l'abbé Delille :

« Cet arbre t'appartient ; ton nom sut m'enhardir
» A saisir ce débris pour un talent que j'aime ;
» Je l'ai pris à Virgile et le rends à lui-même. »

Ces vers ne sont pas du premier mérite, mais l'à-propos est bien ; il est certain que personne n'était plus digne d'un tel présent que le traducteur des Géorgiques.

M. De Châteaubriand est aussi l'un de ces curieux amateurs qui ont moissonné dans le champ sacré du Pausilipe. Sa belle lettre sur la ville éternelle (Rome), adressée à M. de Fontanes, le 10 janvier 1804, en fait foi. Elle commence ainsi : « J'arrive de Naples, » mon cher ami, et je vous porte des fruits de mon » voyage sur lesquels vous avez des droits. *Tenet nunc* » *Parthenope*..... » L'illustre écrivain n'en dit pas davantage.

Nous ne prolongerons pas cette liste des personnages connus, qui eux-mêmes ont parlé de leur pélerinage au mausolée du grand poète ; mais combien d'autres amateurs, tant nationaux qu'étrangers, ont fait la même excursion, et conservent silencieusement dans leur cabinet la feuille dont ils ont dépouillé l'arbre sacré !

On avouera que ces pélerinages multipliés presqu'autant que les feuilles du fameux laurier si souvent renouvelé, sont la plus grande preuve de l'enthousiasme qu'ont excité dans tous les temps et les chants mélodieux du cygne de Mantoue et ses qualités personnelles. Il avait une si belle ame ! non seulement on l'admire, mais on l'aime ; et dès son vivant, il avait inspiré ces nobles sentiments à ses contemporains, surtout aux plus illustres, entre autres, Auguste, Mécène, Horace, Varus, Gallus, Pollion, etc., qui le chérirent tendrement. Chez les Modernes comme chez les Anciens, il a été l'objet de la plus grande vénération ; mais quelquefois on a honoré sa mémoire par des particularités assez singulières. Par exemple, à Mantoue, le croira-t-on ? on est allé jusqu'à regretter hautement et solennellement à l'église que le prince des poètes latins n'ait pas été chrétien, et cela est consigné dans un hymne que l'on chantait à l'office le jour de la fête de saint Paul. Voici ce que nous apprend à ce sujet l'abbé Martinelli, dans son *Discours sur l'état des lettres et des arts à Mantoue*, 1775, in-4°. L'anecdote est tirée d'un manuscrit de Jean Piccinardi de Crémone :

« Au XVe siècle, dit l'auteur, on avait coutume à Mantoue, de chanter à la messe de saint Paul, un hymne en l'honneur de Virgile. On y supposait que l'apôtre des nations, arrivant à Naples, tourna ses regards vers le mont Pausilipe où reposent les cendres de ce grand poète, et qu'il regretta de n'avoir pu ni le connaître, ni le convertir ; c'est ce qu'exprime la strophe suivante tirée de cet hymne et où l'on parle de saint Paul en ces termes :

    Ad Maronis mausoleum
    Ductus, fudit super eum

> Piæ rorem lacrymæ :
> Quem te, inquit, reddidissem,
> Si te vivum invenissem,
> Poetarum maxime !

On peut dire que cet hommage, quoique bizarre, prouve plus que tout autre, le cas que l'on faisait du poète dans un siècle tout de foi, mais où le goût était encore loin d'être épuré.[1]

L'épitaphe suivante, quoique bien postérieure à la strophe que nous venons de rapporter, peut rivaliser avec elle par son ridicule et par sa niaise simplicité :

> Cy dessous gist monsieur Virgile
> Fort honneste homme et fort habile;
> Sur sa tombe un laurier est né ;
> Priez Dieu pour le trespassé.

Ce rimailleur ne se bornait pas, comme saint Paul, à désirer que Virgile fût chrétien ; il le traitait comme tel.

---

[1] Cette strophe en rappelle une plus ridicule encore, qui fait partie d'un hymne ancien en l'honneur de S. Christophe dont la statue colossale était jadis à l'église Notre-Dame de Paris. De quel siècle est cet hymne? Nous l'ignorons ; mais on va voir que la latinité des Santeuil de ce siècle différait beaucoup de celle de notre Santeuil moderne :

> O magne Christophore,
> Qui portasti Jesu-Christe
> Per mare Rubrum
> Et non franxisti crurum !
> Sed hoc non est mirum,
> Quia tu es magnum virum.

Nous avons vu des actes latins des Xe et XIe siècles, où les règles de la grammaire sont observées comme dans cette strophe.

Le cardinal Bembo [1] a réussi bien autrement dans l'épitaphe qu'il a consacrée au célèbre poète Sannazar, qui est enterré près du mausolée de Virgile.

Cette épitaphe est ainsi figurée :

D. O. M.
Da sacro cineri flores : hic ille Maroni
Sincerus [2] musâ proximus et tumulo.
Vixit ann. LXII. an. dom. M. D. XXX.

Cette épitaphe a été ainsi délayée en français dans le *Voyage pittoresque* de Saint-Non, t. 1, p. 87 :

Passant, jetez ici des fleurs à pleines mains,
L'immortel Sannazar repose en cet asile ;
Il est sur le Parnasse assis près de Virgile,
Et leurs deux tombeaux sont voisins.

On aurait pu mieux faire ; et la traduction de notre célèbre Lamonnoye, sans être parfaite, est cependant préférable à la précédente :

Ci gît dont l'esprit fut si beau,
Sannazar, ce poète habile,

---

[1] Ce cardinal, l'une des illustrations littéraires du XVIe siècle et qu'on regarde comme le restaurateur de la bonne latinité, était si scrupuleux sur la pureté de son style, qu'il avait, dit-on, dans son cabinet quarante tiroirs par lesquels il faisait passer ses écrits à mesure qu'il les avait corrigés ; et il ne les publiait qu'après qu'ils avaient subi ces quarante épreuves épuratoires. Ce rigorisme de longue épuration de style ne conviendrait guère aujourd'hui, époque où l'on desserre chaque jour volume sur volume avec une telle rapidité que le premier tiroir du cardinal serait vraiment superflu.

[2] Sannazar avait pris le nom d'Actius Sincerus à la sollicitation de Pontanus qui, lui-même, avait changé son prénom Jean en celui de Jovianus, lorsqu'il fut élu Président de l'Académie Napolitaine. C'était alors l'usage parmi les gens de lettres

Qui, par ses vers divins, approche de Virgile
Plus encor que par son tombeau.

D'Alembert rapporte dans *l'Histoire de l'Académie française*, t. III, p. 517, que la ville de Mantoue, pour honorer d'une manière plus spéciale son poëte chéri, fit placer sa tête dans ses armoiries. Quant au véritable portrait de Virgile, on n'a pas la certitude de le posséder [1]. Un ancien buste en marbre dont nos conquêtes en Italie avaient enrichi le musée de Paris, rend assez bien cette expression douce et mélancolique que la tradition donne à la figure de Virgile, d'après son caractère

[1] Il avait cependant été mis, ainsi que celui de Tite-Live, dans toutes les bibliothèques publiques, du temps des empereurs ; il n'y a que ce brutal et insensé Caligula qui eut l'idée de les ôter et de détruire les ouvrages de Virgile ; ce n'est certes pas la moins absurde de toutes ses extravagances.
On a parlé dans le *Musée des familles*, 1838, tom. V, p. 221, d'un portrait de Virgile, que l'on dit le seul authentique et qui aurait été copié sur un manuscrit des œuvres du poëte, datant du IV° siècle ; cette copie qui appartenait d'abord à l'abbaye de Saint-Denis, serait passée dans la bibliothèque du Vatican. Il suffit de lire cet article et surtout les détails de la physionomie, pour être convaincu que ce n'est point là le portrait de Virgile ; c'est une espèce de caricature hideuse, griffonnée et enluminée dans le moyen âge. L'auteur finit ainsi sa description : « La tête a la forme triangulaire d'un van ; le front » imite la partie la plus large, le menton la plus étroite, une » expression moutonnière règne dans l'ensemble de son visage ; » on dirait qu'un bêlement va sortir de la bouche.... » L'article du Musée est écrit avec beaucoup d'érudition ; il nous semble que l'auteur, au lieu d'admettre l'authenticité d'un tel portrait, eût mieux fait d'employer son érudition à la combattre. Au reste l'opinion générale est bien prononcée sur l'impossibilité d'avoir un vrai portrait de Virgile.

connu. Mais on n'a aucune preuve que ce buste soit véritablement antique et fait sur le modèle vivant, pas même sur le portrait qu'Alexandre Sévère avait dans son oratoire, avec ceux d'Homère, d'Orphée, d'Abraham, de Jésus-Christ, d'Appollonius de Thyanes, etc., etc.

Enfin les derniers hommages publics rendus à Virgile datent de la fin du dernier siècle. Pendant les guerres qui ont eu lieu en Italie, la mémoire du grand poète n'a point été indifférente à plusieurs de nos généraux, surtout dans les lieux où des souvenirs particuliers le signalent davantage à la postérité. Par exemple, le général Miollis, commandant à Mantoue en 1797, ordonna qu'une fête solennelle fût célébrée en l'honneur de Virgile, et il créa dans cette ville un *forum* auquel il donna le nom du poète. En outre, il fit élever un obélisque dans le lieu présumé de sa naissance.

Le général Championnet, s'étant emparé de Naples, le 23 janvier 1799, profita des premiers instants de la victoire pour s'occuper de la restauration du tombeau de notre poète. Si cette restauration a eu lieu, elle a malheureusement laissé peu de traces.

Nous terminons ici cette notice, dont le seul but a été de faire connaître un peu plus en détail la vieille ruine du Pausilipe, connue dans tous les temps sous le nom de tombeau de Virgile [1], et de mettre sur la voie ceux qui voudraient approfondir davantage la question de savoir si ce monument remonte réellement au siècle d'Auguste.

[1] Voyez plus loin une note sur l'indication des ouvrages à gravures où est représentée cette ruine.

Note sur le mont Pausilipe.

Le Pausilipe est une colline de *tufa* volcanique ou pipérine, située le long du bassin de Naples, au S.-O. de cette ville. Son nom tiré du grec παυσις λυπης, signifie cessation de tristesse, à raison sans doute de la charmante vue que l'on découvre en sortant du long et sombre chemin souterrain qui traverse la montagne et qui conduit de Naples à Pouzzol.

Ce chemin qu'on appelle *la grotta di Pozzuoli* ou *grotta di Posilipo*, a 363 toises de longueur ; sa hauteur est au moins de 50 pieds, et sa largeur en a 18. Il est présumable que cette grotte fut commencée par une carrière d'où l'on tirait de la pierre et du sable, et elle fut continuée pour abréger et faciliter le chemin de Pouzzol à Naples qui passait jadis sur la montagne. Le peuple croit que ce chemin fut fait par les enchantements de Virgile ; cette fable est même rapportée dans la chronique de Villani. Les savants ne sont point d'accord sur l'origine de cette grotte : Celano dit qu'elle fut creusée par les habitants de Cumes. Varron, *De re rustica*, lib. III, c. 17, semble l'attribuer à Lucullus. Strabon, lib. V, en fait honneur à Marcus Cocceius ; cela est répété dans une inscription qu'y fit placer le duc de Medina Las Torres. Enfin Martocelli assure qu'elle fut faite du temps d'Auguste.

Dans les temps anciens elle était moins large et moins commode qu'elle ne l'est maintenant. C'est Don Juan d'Aragon, vice-roi de Naples, et Pierre de Tolède, sous Charles-Quint, qui l'ont fait élargir et mettre dans l'état où elle est à présent. Deux ouvertures ou soupiraux de la voûte y répandent un peu de jour ; et dans le milieu est une petite chapelle à la Vierge, près de laquelle on entretient une lampe ou lanterne qui répand aussi un peu de clarté.

La direction de cette avenue souterraine est telle, que vers la fin d'octobre, le soleil couchant l'éclaire un instant dans presque toute sa longueur ; d'où il suit, dit Lalande, qu'elle fait un angle de 18 degrés vers le sud avec la ligne de l'ouest, ou de 72 degrés avec la méridienne vers le couchant.

On trouve, en descendant du tombeau de Virgile, une côte appelée Mergellina; elle fait partie du Pausilipe.

Les journaux ont annoncé récemment (août 1840), la découverte d'une nouvelle grotte sur le mont Pausilipe. Cela paraît assez singulier, surtout d'après les objets que l'on prétend avoir trouvés dans les décombres, et qui donneraient à penser que ce lieu a été habité, car on y voit, dit-on, des traces d'ornements sculptés sur des murs; on y a découvert des statues, des monnaies, etc. Comment l'histoire n'a-t-elle rien révélé sur ce lieu, qui sans doute a prêté jadis à des événements? Au reste, quoi qu'il en soit, voici le récit auquel le lecteur ajoutera le degré de foi qui lui paraîtra convenable.

« On vient de découvrir sur le versant sud-est du mont Pausilipe une nouvelle grotte qui paraît très profonde, dont l'ouverture a 16 pieds de largeur et qui, jusqu'aux 3/4 de sa hauteur qui est de 45 pieds, est remplie de terre, de sable fin et de beaucoup de décombres. Les parois intérieures sont composées en partie de grès, en partie de murs élevés par la main de l'homme et sur lesquels on découvre par-ci par-là les traces d'ornements sculptés qui semblent avoir eu la forme de réseaux. A environ 400 pas de l'entrée, se trouvent douze statues colossales en marbre, qui sont enterrées jusqu'aux épaules dans les décombres, mais dont les têtes sont tellement mutilées, qu'il est impossible de déterminer ce que ces statues étaient destinées à représenter. On a aussi trouvé parmi les décombres quelques petites monnaies grecques et romaines en cuivre et en argent. On ne peut entrer dans cette grotte que lorsque le vent du côté de la mer vient de l'enfiler, car autrement l'air y est tellement raréfié, que la respiration se trouve gênée, et que quelquefois la lumière s'éteint. »

Tel est le récit des journaux sur cette découverte récente qui, si elle existe réellement, sera sans doute l'objet de savantes recherches de la part des archéologues italiens. Il faut donc en attendre le résultat, pour juger de son importance.

INDICATION DE QUELQUES OUVRAGES A GRAVURES

Dans lesquels est représenté le Tombeau de Virgile dans son état actuel.

Si beaucoup d'amateurs ont visité le tombeau de Virgile au mont Pausilipe, il en est un bien plus grand nombre qui ont été privés de cette satisfaction : c'est pour les dédommager de cette privation que nous allons leur indiquer quelques ouvrages enrichis de planches, dans lesquels ils trouveront représentée la vue de ce monument et quelquefois celle de l'entrée de la grotte du Pausilipe. Parmi ces ouvrages, les principaux sont :

L'Antiquité expliquée et représentée en figures, par B. de Montfaucon (français-latin). *Paris, 1719, 5 tomes en 10 vol. in-fol.*, avec 977 pl. (Voy. tom. V, chap. xii, vis-à-vis la page 132; la planche 119 représente le tombeau de Virgile de forme ronde, posé sur sa base carrée, et couvert de branches de laurier.)

Antichita di Pozzuoli, Cumo e Baia, auctore P. Ant. Paoli (italien-latin), *Florentiæ, 1768, in-fol. avec 65 fig.* (Voy. 10 et suiv.)

Campi phlegræi : Observations sur les volcans des deux Siciles, par Will. Hamilton (anglais-français); *Naples, 1776, 2 parties in-fol. avec 54 pl.* (Voy. 2e part., 1, 16).

Voyage pittoresque, ou description du Royaume de Naples et de Sicile (par Richard, abbé de Saint-Non); *Paris, Lafosse, 1781-1786, 4 tomes en 5 vol. in-fol. avec 371 pl.* dont 22 offrent des sujets doubles. (Voy. tome 1er, trois planches à doubles gravures. La première, vis-à-vis la page 81, représente, dans la gravure inférieure, *l'Entrée de la grotte du Pausilipe en y arrivant du coté de Naples*. On aperçoit au-dessus de la grotte, un peu à gauche, dans le lointain, un petit groupe d'arbres et de ruines, confus; c'est le tombeau de Virgile. La seconde planche, vis-à-vis la p. 82, représente à droite *l'Entrée de la grotte du Pausilipe près de Naples*, et à gauche le *chemin creux qui conduit à la grotte*. La troisième planche, vis-à-vis la page 83, offre, dans la gravure du bas, la *vue du tombeau de Virgile près de Naples*. Une quatrième planche, vis-à-vis la page 85, donne le *tombeau de Sannazar*, dans la gravure à gauche).

Nouveau voyage d'Italie (par Misson). *La Haye*, 1702, 4 *vol. in*-12, *fig.* (Voy. tome II, vis-à-vis la p. 87; le tombeau de Virgile est représenté isolé, hérissé de branches de laurier).

Le magasin universel, *Paris*, 1836-1837, *in*-4°, avec 52 pl. et beaucoup de vignettes. (Voy. page 9, pl. 2. C'est *Pétrarque visitant le tombeau de Virgile sous le roi Robert, en* 1341 : dessin de fantaisie, représentant l'intérieur du tombeau de Virgile, tel qu'on suppose qu'il devait être à cette époque).

Tels sont les ouvrages, dont les gravures, excepté celle du dernier, nous représentent l'aspect extérieur du tombeau de Virgile dans ces temps modernes ; il paraît que les artistes ne l'ont pas tous pris du même point de vue, car plusieurs de leurs dessins offrent des différences, quoique tous annoncent un monument en ruine.

LISTE

DE QUELQUES OUVRAGES ET OPUSCULES

PUBLIÉS DEPUIS 1830,

PAR GABRIEL P.....T.

—

Nota. Cette liste fait suite à la NOTICE *des ouvrages de bibliologie, d'histoire, de philologie, d'antiquités et de littérature, tant imprimés que manuscrits de Gab. P......*; Paris, Crapelet, 1830, *in-8° de* VIII-52 p. — Voy. p. 19 de ladite Notice, où le dernier ouvrage indiqué porte le n° LI.

LII. Précis historique, généalogique et littéraire de la Maison d'Orléans. *Paris, Crapelet,* 1830, *in-8° de* XXII-172 pp. *avec portrait.*

On a tiré de cette édition CINQUANTE exempl. sur gr. pap. vélin-jésus.

LIII. Voyage de Piron à Beaune, publié pour la première fois séparément, et avec toutes les pièces accessoires, etc. *Dijon, Ch. Brugnot, imprimeur-éditeur,* 1831, *gr. in-8° de 47 pag.*

Vingt exempl. de cette édition sont augmentés du *Compliment des Dames poissardes de Paris au Roi*, rédigé par Piron en 1744, gr. in-8° de 6 pag.

LIV. Virgille virai en borguignon : choix des plus beaux livres de l'Enéide, suivis des principaux épisodes tirés des autres livres, par divers auteurs bourguignons, avec un discours préliminaire par G. P., et des sommaires et notes par C.-N. Amanton. *Dijon,* 1831, *in-18 de* XLVIII-323 pp.

Edition très-belle et très-soignée, tirée en tout, (aux frais d'un amateur de Dijon, M. Bern. Jol...), à 244 exempl. sur pap. fin gr. raisin, et 6 sur pap. fort de Hollande.

LV. Nouvelles Recherches littéraires, chronologiques et philologiques sur la vie et les ouvrages de Lamonnoye. *Dijon, chez Vict. Lagier*, 1831, *in-8°* de xii-80 *pag. avec portrait et fac simile.*

Tiré à 100 exempl. dont douze sur pap. vélin.

LVI. Notice sur vingt-deux grandes miniatures ou tableaux en couleur, réunis en tête d'un manuscrit du xve siècle, précédée de quelques recherches sur l'usage d'enrichir les livres de ces sortes d'ornements chez les Anciens et au moyen âge. *Dijon, 1832, in-8° de 56 pag.*

Tiré à 100 exemplaires.

LVII. Essai historique sur la liberté d'écrire chez les Anciens et au moyen âge, et sur la liberté de la presse depuis le xve siècle, etc. ; suivi d'un tableau synoptique de l'état des imprimeries en France, en 1704, 1739, 1810 et 1830, et d'une chronologie des lois sur la presse, de 1789 à 1831. *Paris, Crapelet*, 1832, in-8° de xxi-218 p.

LVIII. Tableau de mœurs au xe siècle, ou la Cour et les lois de Hoel-le-Bon, roi d'Aberfraw, de 907 à 948, etc. *Paris, Crapelet*, 1832, *gr. in-8°*, *pap. vélin-jésus*, de x-104 *pag.*

Edition de luxe.

LIX. L'illustre Jaquemart de Dijon, détails historiques, instructifs et amusants sur ce haut personnage domicilié en plein air dans cette ville depuis 1382 jusqu'en 1832, etc. *Dijon, 1832, in-8° de* xvi-91 *pag., fig.*

Tiré à 250 exemplaires.

LX. Histoire morale, civile, politique et littéraire du Charivari, depuis son origine vers le quatrième siècle jusqu'à l'an de grâce 1833, etc., par le docteur Calybariat de Saint-Flour. *Paris, Crapelet*, 1833, *in-8° de* viii-326 p.

LXI. Détails historiques sur le château de Dijon, depuis le xv⁰ siècle, époque de sa construction, etc., suivis d'une Notice chronologique sur les entrées des rois et des reines à Dijon. *Dijon, Vict. Lagier,* 1833, *in-8° de 47 pag.*

LXII. Essai historique sur la reliûre des livres et sur l'état de la librairie chez les Anciens. *Dijon, Vict. Lagier,* 1834, *in-8° de 84 pag.*

Tiré à 200 exempl.

LXIII. Essai sur l'origine de la langue française et sur un recueil de monuments authentiques de cette langue, classés chronologiquement depuis le neuvième siècle jusqu'au dix-septième, avec notes, tableau et quatre fac-simile. *Dijon, Vict. Lagier,* 1835, *in-8° de* 112 *pag.*

Tiré à 150 exempl.

LXIV. Les Bourguignons salés : diverses conjectures sur l'origine de ce dicton populaire, etc. *Dijon, Vict. Lagier, libraire-éditeur,* 1835, *in-8° de 43 pag.*

Tiré à 150 exempl.

LXV. Recherches historiques et bibliographiques sur les autographes et sur l'autographie. *Dijon, Vict. Lagier,* 1836, *in-8° de 90 pag.*

Tiré à 180 exempl. avec une épitre lithographiée adressée à mon digne ami, M. Bern. Jol..t.

LXVI. La Selle chevalière. *Dijon, Vict. Lagier,* 1836, *in-8° de* 17 *pag.*

Tiré à 80 exempl.

LXVII. D'une pugnition divinement envoyée aux hommes et aux femmes pour leurs incontinences désordonnées (en 1493); par Stephen Aliberg, D. M. *A Naples et en France. Paris, Techener,* 1836, *in-8° de 62 pag.*

LXVIII. Recherches historiques et philologiques sur la philotésie ou usage de boire à la santé, chez les Anciens, au moyen âge, et chez les Modernes. *Dijon, Vict. Lagier, 1836, in-8° de 51 pag.*

Tiré à 150 exempl.

LXIX. Nouvelles Recherches sur le dicton populaire FAIRE RIPAILLE. *Dijon, Vict. Lagier, 1836, in-8° de 15 pag.*

Tiré à 200 exempl.

LXX. De la liberté de la presse à Dijon au commencement du dix-septième siècle; ou Histoire de l'impression d'un opuscule en patois, publié en 1609 sur la démolition du château de Talant. *Dijon, Vict. Lagier, 1836, in-8° de 12 pag.*

Tiré à 150 exempl.

LXXI. Souvenirs relatifs à quelques bibliothèques des temps passés. *Dijon, Vict. Lagier, 1836, in-8° de 23 pag.*

Tiré à 170 exempl.

LXXII. De Pierre Aretin. Notice sur sa fortune, sur les moyens qui la lui ont procurée et sur l'emploi qu'il en a fait. *Dijon, Vict. Lagier, 1836, in-8° de 14 pag.*

Tiré à 100 exempl.

LXXIII. Souvenirs relatifs à Saint-Paul de Londres, etc. *Paris, Vict. Lagier, 1836, in-8° de 15 pag.*

Tiré à 100 exempl.

LXXIV. Recherches sur le luxe des Romains dans leur ameublement, etc. *Dijon, Vict. Lagier, 1837, in-8° de XII-94 pag.*

Tiré à 150 exempl.

LXXV. Nouveaux détails historiques sur le siège de Dijon par les Suisses, en 1513, etc. *Dijon, Douillier, 1837, in-4° de VIII-47 pag., avec fac-simile.*

LXXVI. Notice sur la vie et les ouvrages de C. N. Amanton, membre de plusieurs Académies et Sociétés savantes, etc. *Dijon, 1837, in-8° de 23 pag.*

LXXVII. Histoire de la fondation des hôpitaux du Saint-Esprit de Rome et de Dijon, représentée en vingt-deux sujets gravés d'après les miniatures d'un manuscrit du quinzième siècle. *Dijon, de l'imprimerie et fonderie de Douillier, 1838, in-4° de 100 pag. avec 22 grav. au trait.*

LXXVIII. Recherches sur les diverses opinions relatives à l'origine et à l'étymologie du mot Pontife. *Dijon, Vict. Lagier, 1838, in-8° de 28 pag.*

Tiré à 130 exempl.

LXXIX. Quelques recherches sur d'anciennes traductions françaises de L'Oraison dominicale et d'autres pièces religieuses, des 9ᵉ, 10ᵉ, 11ᵉ, 12ᵉ, 13ᵉ, 14ᵉ, 15ᵉ et 16ᵉ siècles. *Dijon, Vict. Lagier, 1839, in-8° de 59 pag.*

LXXX. Notice sur un bas-relief, représentant les figures mystérieuses et symboliques dont les quatre évangélistes sont ordinairement accompagnés, suivie de Recherches sur l'origine de ces symboles. *Dijon, de l'imprimerie et fonderie de Douillier, 1839, in-4° de 16 pag., fig.*

LXXXI. Quelques recherches sur le tombeau de Virgile, au mont Pausilipe. *Dijon, Vict. Lagier, 1840, in-8° de 36 pag.*

LXXXII. Le Livre des Singularités. *Dijon, Victor Lagier, 1840; un vol. in-8° de xvi-464 pag.*

ARTICLES

insérés, depuis 1830, dans divers journaux littéraires, par Gab. P......

Ces articles font suite aux vingt-un, qui sont mentionnés dans la Notice des ouvrages de bibliologie, d'histoire, etc. Paris, Crapelet, 1830, *in-8°*. Voyez p. 19-26 de ladite Notice.

22. De quelques dates bizarres, singulières et énigmatiques, qui se rencontrent dans les souscriptions d'anciens ouvrages et ailleurs. (Voyez le *Bulletin du bibliophile et de l'amateur*. Paris, Téchener, 1834, *in-8°*, n° 12, p. 14-16.)

23. Anecdotes bibliographiques. Chapitre des regrets causés par l'ignorance. (Voyez le *Bulletin du bibliophile et de l'amateur*. Paris, Téchener, mars 1835, *in-8°*, n° 15, p. 13-15.)

24. Du célèbre concile de Mâcon, tenu en 585. (Voyez la *Revue des deux Bourgognes*, 1836, tom. I, p. 189-197.)

25. Histoire des dédicaces d'Erasme, racontées par lui-même. — Ont-elles beaucoup contribué à augmenter sa fortune? (Voyez le *Bulletin du bibliophile et de l'amateur*. Paris, Téchener, 1836, 2me série, p. 11-15.)

26. Sur les incunables exécutés au quinzième siècle dans les villes de France, par des ouvriers d'Allemagne, typographes ambulants. (Voyez le *Bulletin du bibliophile et de l'amateur*. Paris, Téchener, 1836, 2me série, p. 18 et 19.)

27. Sur un Missel curieux. (Voyez le *Bulletin du bibliophile*, etc. Paris, Téchener, 1836, 2me série, p. 59 et 60.)

28. Quelques anecdotes sur un original, espèce

d'amateur de livres, dans les xvi° et xvii° siècles. (Voy. le *Bulletin du bibliophile*, etc. Paris, Téchener, 1836, 2me série, p. 251-254.)

29. Nouveau renseignement sur la date de l'introduction de l'imprimerie en Amérique. (Voyez le *Bulletin du bibliophile*, etc. 1836, 2me série, p. 332 et 333.)

30. Synode tenu à Auxerre en 578. (Voyez la *Revue de la Côte-d'Or*. Dijon, 1836, tom. II, p. 379-383.)

31. Du gouvernement féodal ; de la prestation de foi et hommage, et de la réunion des grands fiefs à la couronne. (Voyez la *Revue des deux Bourgognes*, 1837, gr. *in-8°*, tom. III, p. 162-181.)

32. Dissertation historique et philologique sur un poisson d'argent, et sur un œuf d'autruche, exposés dans une cathédrale dans les treizième et quatorzième siècles. Voyez *Revue de la Côte-d'Or*, 1837, tom. III, p. 115-126.)

33. Notice historique et bibliographique sur l'imprimerie particulière, établie par sir Thom Johnes à Hafod, vers 1800. (Voyez le *Bulletin du bibliophile*, etc. Paris, Téchener, 1837, p. 524-526.)

34. Singulière relique. [La queue de l'âne qui porta le Sauveur, lors de son entrée triomphante à Jérusalem ; laquelle queue est conservée dans le trésor du couvent des Dominicains de Gênes]. Voyez le *Bulletin du bibliophile*, etc. Paris, Téchener, 1838, p. 252-254).

35. Sottises incroyables des errans touchant la vie de l'autre monde; ou observations critiques du père Garasse sur le paradis de Papias, de Mahomet, de Luther, de Brentius, etc. (Voyez le *Bulletin du bibliophile*, etc. Paris, Téchener, 1838, 3° série, p. 255-259.)

36. Origine du petit cochon de saint Antoine, selon les anciennes légendes. (Voyez le *Bulletin du bibliophile*, etc. Paris, Téchener, 1838, 3ᵉ série, p. 306-308.)

37. Notice sur Gilles de Rome, et sur son traité du gouvernement des Princes. (Voyez le *Bulletin du bibliophile*, etc. Paris, Téchener, 1838, 3ᵉ série, p. 358-366.)

38. Notice sur quelques prières manuscrites de la fin du seizième siècle. (Voyez le *Bulletin du bibliophile*, etc. Paris, Téchener, 1839, 3ᵉ série, p. 588-591.

39. Sur un passage de la vie de Pétrarque, relatif au Pape Benoît XII. Voy. le *Bulletin du bibliophile*, etc. Paris, Techener, 1839, 3ᵉ série, pp. 727-729.

40. Du mois de juillet considéré comme fatal aux provocateurs de révolutions. (Voy. le *Spectateur de Dijon*, du 28 juillet 1839, nᵒ 101.

Le feuilleton de ce numéro est composé de neuf articles relatifs :
1. A Jacques Artavelle, massacré le 17 juillet 1343.
2. A Etienne Marcel, tué le 31 juillet 1358.
3. A Balthazard Gérard, supplicié le 15 juillet 1584.
4. A Thomas Aniello, massacré le 13 juillet 1647.
5. Au duc de Monmouth, décapité le 25 juillet 1685.
6. A Jean-Paul Marat, poignardé le 13 juillet 1793.
7. A Maximilien Robespierre, supplicié le 28 juillet 1794.
8. A Louis Alibaud, supplicié le 11 juillet 1836.
9. A Armand Barbès, condamné le 12 juillet 1839.

41. Notice et extraits d'un livre intitulé : *Exhortation aux Dames vertueuses; en laquelle est desmontré le vray poinct d'honneur*. Paris, Lucas Breyet, 1598, petit in-12 de 46 pag. (*Voy.* le *Bulletin du bibliophile*, etc. Paris, Techener, 1839, 3ᵉ série, pp. 885-893.

www.ingramcontent.com/pod-product-compliance
Lightning Source LLC
Chambersburg PA
CBHW060724050426
42451CB00010B/1615